Elisabeth Thaler

Wisse das Bild

Elisabeth Thaler

Wisse das Bild

Über die Poetik des Nennens

in orphischer Tradition

bei Pindar, Hölderlin und Rilke,

ausgehend von der Bildwelt und Sprechweise

im Ostrakon-Gedicht der Sappho

Mit einem Nachwort von cand.phil. Hannes
Schmidt

Bibliografische Information der Deutschen Nationalbibliothek:
Die Deutsche Nationalbibliothek verzeichnet diese
Publikation in der Deutschen Nationalbibliografie;
detaillierte bibliografische Daten sind im Internet
über http://dnb.dnb.de abrufbar.

Lektorat: Elisabeth Thaler, Hannes Schmidt. cand. phil.
Titelbild/Foto: Claus Riedl

Verlag: BoD · Books on Demand GmbH, In de Tarpen 42,
22848 Norderstedt
Druck: Libri Plureos GmbH, Friedensallee 273, 22763 Hamburg

ISBN: 978-3-7693-0975-1

Zueignung

Meiner geduldigen Frau Professorin
Dr. Beatrice Baldarelli,

sowie meinen Eichstätter Sängermädchen
Sr. Faustina, Sr. Cora, Birgit, Rita und Dani
und den Jungs Felice, Michi und Fabian

Sappho mit dem Haupt des Orpheus
Gustave Moreau, 1826-1892

Inhaltsverzeichnis

Zum Geleite

Beim vorliegenden Text handelt es sich um meine Proseminararbeit im Fache „Frühgriechische Lyrik" an der Katholischen Universität Eichstätt-Ingolstadt im Jahre 2010.

Meine Professorin Frau Dr. B. Baladarelli beging anno 2004 den entscheidenden Fehler, mir auf meine Frage, wann ich die für das Staatsexamen notwendige Proseminararbeit denn abgeben solle folgenden Fehler: Sie erwiderte: „Nun, irgendwann rechtzeitig zum Examen."

Das bedeutete für mich als „Just-in time-Schreiber" wirklich eine Abgabe der Arbeit genau einen Tag vor der Anmeldung zum Examen, die sich aus verschiedenen und vielfach verständlichen Gründen über mehrere Jahre hinauszögerte.

***

Zunächst haderte ich mit der vom Vater festgesetzten Bestimmung zum Lehrertum, obwohl ich eigentlich Bühnenbildnerin werden wollte. Aber so sehr ich meinen Vater auch anflehte und bat, es half alles nichts, er sagte, er werde mir nur die Lehrerausbildung finanzieren in den Fächern, die ich mochte – also Deutsch und Latein –; er wollte, daß etwas aus mir wird. Vermutlich fürchtete er für mich das gleiche Geschick, das seiner Schwester widerfahren war, die, selbst Künstlerin, nun auf einen groben und rücksichtslosen Mann angewiesen war, weil sie nie über die finanziellen Mittel verfügte, sich selbständig zu machen.

Als Lehrerin, so dachte er, wäre ich frei und unabhängig von einem Manne.

Doch ist es recht, ein Kind für einen Beruf zu bestimmen? Ist es recht, ein Schicksal so zu besiegeln?

Gewiss hat mein Vater in mir ein gewisses Talent des Lehrens erkannt. Ich wurde dessen selbst in unzähligen Nachhilfestunden, die ich schon als Schülerin den Jüngeren gab, gewahr; ja, mich trieb eine gewisse Angstlust in das Lehramtspraktikum an der Uni, obwohl ich es als Schülerin haßte, vor der Klasse zu stehen und etwas zu sagen. Dieses Mich-Präsentieren-Müssen war mir immer so zuwider und ich konnte nicht verstehen, daß sich andere Mitschüler und später die Kommilitonen geradezu darum rissen, die Rampensau zu geben.

Ich blieb lieber im Hintergrund.

Zu meiner Zeit in Eichstätt gründete ich eine Schola Gregoriana für die Filialkirche St. Peter zu Eichstätt. Unsere Aufgabe war es, die gregorianischen Gesänge Sonntag für Sonntag in der Hl. Messe zu singen, d. h. es war meine Aufgabe, den anderen Studentinnen diese besondere Art des Singens beizubringen.

In unendlicher Geduld lehrte ich sie, was ich selbst erst vom Domkapello emeritus Wolfram Menschick lernte und tatsächlich! Nach drei Jahren war ich mit meinen Mädchen in der Lage, nach und nach und Jahr für Jahr eine ganze gregorianische Messe zu singen.

Meine Mädchen… Ich nenne sie absichtslos so: denn sie waren nach dem Tode meines Vaters die Freude meines Lebens, in ihnen erkannte ich, dass ich doch Lehrerin bin.

***

Nun ja.

Auch wenn ich zur Zeit nicht unterrichte, weiß ich, daß im hintersten Winkel meines Herzens ein Lehrertum schläft, das vielleicht im gegenwärtigen Erziehungssystem nicht zur Geltung kommen kann. Ich wünsche mir die Zeiten der

Sappho herauf, Zeiten des individuellen Lehrerdaseins!

Zeiten, in denen Intellekt und Empathie mehr zählen als kalte Planungsmentalität und der kommunistische Glaube an das Humankapital.

Ich träume von Zeiten, in denen sich Wissenschaft, Literatur, Kunst und allgemeine Lebenspraxis wieder in unserer Gesellschaft begegnen.

Ja, ich träume davon, dass unsere Welt eine bessere wird, wenn sie, wenn jeder auf die leise Stimme des Gesanges hört, wenn er hört, daß Orpheus singt.

Bruck an der Mur, am Feste Allerheiligen, 2024

Vorwort

Auf die Frage, was Lyrik denn sei und warum es sie gibt, hatten die Menschen zu allen Zeiten eine Antwort, welche die Kunst einmal mehr und einmal weniger in die Mitte der Gesellschaft rückt.

Doch wenn man nach der Aufgabe der Lyrik fragt, muß man zunächst ihr ursprüngliches Wesen ergründen, und das beginnt im Fall der Abendländischen Literatur in der Antike.

Dichtung, lyrische Dichtung war in erster Linie Gesang und als solcher in der präliterarischen Frühzeit der Antike die Aufgabe derer, die in Verbindung zur Sphäre des Übernatürlichen traten. Sänger waren, wenn man so will, immer auch Seher; das Lied ist einerseits das Spiegelbild dessen was der Sänger sieht und andererseits ist es ein Vehikel, mittels dem der Sänger und die Zuhörenden Zutritt zum Göttlichen erhielten.

Folgt man dem Forscher Robert Böhme, so läßt sich ein Zweig der griechischen Lyrik – auch die Dichtung Sapphos – auf die mythische Gestalt des Orpheus zurückführen[1]. Ähnlichkeiten zwischen den Liedern jener Dichter bezeichnen laut Böhme einen Nomos, eine bestimmte, auf den Inhalt bezogene Art und Weise des kultischen Singens, dessen Niederschlag sich in gewissen, immer wiederkehrenden Elementen mancher Lieder zeigt, seien es bestimmte Bilder, die immer wieder unabhängig voneinander aufgerufen werden oder die Vereinigung von scheinbar Unvereinbarem.

In dieser Arbeit sei neben dem Ostrakon-Gedicht Sapphos auch ein Fragment Pindars genannt. All diese Beobachtungen legen den Schluß nahe, daß dem dichterischen Gesang seit Menschengedenken etwas innewohnt, das sich bis in unsere Tage erhalten hat. Daher werden abschließend einige knapp gedeutete Gedichte zweier modernerer Autoren zum Vergleich herangezogen.

---

[1] Böhme stellt in mehreren Untersuchungen seine sehr plausible und aus vielen Quellen gespeiste Deutung des Orpheus-Mythos dar. Dabei liegt sein Hauptaugenmerk besonders auf der ursprünglichen Bedeutung des Sängertumes im vorhistorischen Griechenland.

Sappho: Eckdaten und Umfeld

Es ist nicht leicht, Lebensläufe in der archaischen Zeit (750-550 v. Chr.) in ihrer Zeitspanne genau zu bestimmen, weil es kaum schriftliche Überlieferungen gab, die geschichtliche Daten boten.

Tradiert wurden in dieser stark kultisch und religiös geprägten Zeit einzig die Erzählungen von den Göttern und Heroen, die oft mit Städtegründungen zusammenhingen. Auch in der darauf folgenden Epoche der Polisdemokratie zog man Biographisches kaum in Betracht, weil der einzelne Mensch mehr als Teil des Stadtstaates gesehen wurde. Erst im Hellenismus bildete sich eine Mentaliät des Sammelns und Bewahrens heraus: In Bibliotheken, den ersten literargeschichtlichen Forschungs- und Bildungsstätten[2] kümmerte man sich darum, die Werke früherer Epochen und Schriftsteller zu ordnen und zu sammeln, wobei auch Informationen über das Leben und die Umstände der jeweiligen Menschen von Bedeutung waren.

Vermutlich wurde Sappho[3] um 612 v. Chr. in

---

[2] Vgl. Giebel S. 10.

[3] In Sapphos Fall stehen vor allem zwei Quellen für ihr Leben den Forschern der Gegenwart zur Verfügung: Das „Marmor

Eressos auf Lesbos geboren; wenig später über-
siedelte ihre Familie innerhalb derselben Insel
nach Mytilene. Doch bereits um 592 begannen
auf Lesbos Streitigkeiten um die Herrschaft,
der Tyrann Myrsilos wurde gestürzt und weil
Sapphos Familie vermutlich in diesen politischen Prozess verstrickt war, mußte sie ins Exil
nach Syrakus auf Sizilien gehen. Erst nach ca.
zehn Jahren konnte sie während der Regie-
rungszeit des Aisymneten[4] Pittakos wieder
nach Mytilene zurückkehren. Ihr in einem Gedicht erwähnter Bruder Charaxos war später-
hin zur Zeit des Pharaos Amasis (um 568) in
Ägypten; Sapphos Tod setzt man nach unge-
fähr nach 550 v. Chr. an.

Nachdem sie aus dem sizilischen Exil zurück-
gekehrt war, begründete die Dichterin auf

Parium" eine Art Inschriftenchronik, in der auch kulturelle Daten vermerkt sind und ein byzantinisches Lexikon (1000 n.
Chr), die „Suda" Vgl. Giebel S. 10. Aber auch aus einem auto-
biographisch-politischen Gedicht Sapphos, kann man etwas
über ihre Lebensdaten herauslesen (Frg.98 LP). Saake erstellt
anhand der im Gedicht erwähnten Umstände einen Lebenslauf
der Sappho. S. Saake 1972 S. 49.

[4] Ein Aisymnet war ein aus der führenden Gesellschaftsschicht
gewählter Tyrann. Dabei ist eine Tyrannis, Tyrannenherrschaft,
nicht negativ zu denken; das Wort „Tyrann" bezeichnet in neut-
raler Weise nur einen Alleinherrscher, eine Art König.

Lesbos einen Thiasos, das war eine Gruppierung von Mädchen und jungen Frauen, der sie als Leiterin und Lehrerin vorstand; Über den Begriff des Thiasos ist in der Forschung schon viel spekuliert worden[5]; am ehesten ist in Sapphos Fall darunter eine Art Gegenstück zu den altgriechischen Männerbünden zu verstehen, in denen früh schon freundschaftliche Beziehungen geknüpft wurden und je nach Geschlecht entweder philosphisch-politische oder häuslich-kultische Fähigkeiten vermittelt wurden[6]. Etwa zur gleichen Zeit, vielleicht etwas früher lebte auch der Dichter Alkaios auf Lesbos; seine Lyrik spiegelt im

Gegensatz zu Sapphos Gedichten die männliche Lebenswelt mit ihren politischen Debatten, kriegerischen Auseinandersetzungen und Zechgelagen wieder. Dennoch sind die Gemeinsamkeiten zwischen Thiasos und

---

[5] M. Giebel bietet einen knappen Überblick der einzelnen Auffassungen (S. 44) In neuerer Zeit meint A. Bagordo, Sapphos Thiasos mit stark homosexuell ausgerichteten Frauengemeinden, die Simone de Beauvoir in Singapur kennen gelernt hatte, in Verbindung bringen zu müssen (Vgl. Bagordo S. 13). R. Schrott neigt eher dazu, einen Vergleich mit dem Salon der Nathalie Clifford Bary und der Djuna Barnes in den 30er Jahren des vergangenen Jahrhunderts zu ziehen (Vgl. Schrott S. 98).
[6] Vgl. Schrott S. 97f.

Symposion bedeutender als die Unterschiede: Beide Institutionen jedoch strebten unter anderem nach musischer und ästhetischer Bildung und waren politisch und gesellschaftlich innerhalb der einflußreichen Familien der Insel positioniert, was für Sappho auch ein mehrjähriges Exil in Sizilen zur Folge hatte[7]. Daß aber auch homoerotische Aspekte im Männerbund ebenso wie in Sapphos Thiasos eine Rolle spielten, braucht nicht über die Maßen hervorgehoben werden.

---

[7] Vgl. Bagordo S. 16. f.

Orpheus, Ahnherr griechischer Dichtung

Viel interessanter ist es, zu beobachten, in welcher Tradition die Dichterin nun mit ihren Werken steht. Da man vielfach der Meinung war, Sappho habe auch die Funktion der Priesterin eines Aphroditekultes auf Lesbos innegehabt, erscheinen ihre Lieder, vor allem jene, die Anrufungen der Göttin enthalten, in einem besonderen Licht.

Der eingangs erwähnte Forscher Robert Böhme führt das lyrische Schaffen der Griechen auf den mythischen Sänger Orpheus zurück, von dem die erst zur Zeit des Hellenismus entstandene Sage erzählt, er habe seine Frau Eurydike zweimal verloren, einmal durch einen Schlangenbiß, das andere Mal, weil er, als er sie Kraft seines Gesanges aus der Unterwelt zurückführen wollte, die Bedingung, sie nicht anzublicken, nicht einhielt. Weil er sich angeblich dann aus Enttäuschung von den Frauen abwandte, zerrissen ihn die erbosten Mänaden[8]; nur sein Haupt und seine Leier wurden an den Strand

---

[8] Über den plötzlich und eigentlich unmotiviert einsetzenden Misogynismus des Orpheus s. auch Bohme, Sänger der Vorzeit, S. 39-60. Böhme bezieht sich dabei auf Orpheus als Kulturbringer, der das Patriarchat in einer vom Matriarchat und seinen grausamen Ritualen geprägten Zeit unterstützt.

von Lesbos geschwemmt, wo beides ehrfürchtig verehrt wurde[9].

Doch vermutlich stellt die tragische Liebesgeschichte nur einen romantisch anmutenden Erklärungsversuch dar, der mit Orpheus' ursprünglichem Wesen relativ wenig zu tun hat: Sehr oft nennen die älteren Überlieferungen den Sänger in Zusammenhang mit der Bezauberung von Mensch und Tier und mit Fahrten an die Grenzen der Erde[10].

Bezauberung durch den Gesang einerseits und die (Unterwelts-)Fahrt andererseits sind schließlich die Beweggründe, daß dieser Kulturstifter-Heros[11] für Böhme erwiesenermaßen

---

[9] Vgl. Böhme, Die verkannte Muse, S. 152: „Gerade diese Insel ist von einer nicht zu verkennenden alten Orpheus-Tradition durchtränkt. Sie besaß ein vorapollinisches Orpheus-Heiligtum mit einer Orakelstätte, und an einer Stelle zeigte man später das Grab des Orpheushauptes."

[10] Vgl. Artikel „Orpheus" in Paulys Realencyclopädie der Classischen Altertumswissenschaft. Dabei ist besonders auf die Stellung des Sängers bei der Argonautenfahrt hinzuweisen, wo er durch seinen Gesang Streit bei der Besatzung schlichtet und schließlich das eigentliche Ziel der Fahrt, die Rückgewinnung des goldenen Vlieses ermöglicht, indem er den Drachen in Schlaf sinken last.

[11] Man denke nur an das im Mythos und auf Vasenbildern geschilderte Wirken des Sängers bei den Thrakern, die vielfach

17

am Beginn einer langen Tradition alten, griechischen Sängertumes steht, das bis in die Zeit erster literarischer Schriftlichkeit hineinreicht[12].

Denn in früheren Zeiten waren Wort und Ton, Theologie und Gesang untrennbar miteinander verknüpft; der Kitharöde als Seherdichter verstand es also, im Lied von seiner mystischen Schau[13] zu künden und zugleich durch den

---

als rohe, ungebildete Gesellen verschrien waren. Doch vermutlich ist auch eine Verbindung des Orpheus mit den Thrakern, wie etwa eine Königsherrschaft seitens des Orpheus unwahrscheinlich.

[12] Er erstellt sogar eine „Genealogie" von Dichtern, die als Schüler einen gemeinsamen Lehrer haben, was man an der Art und Weise erkennen könne, in der bestimmte Themen behandelt werden. Im Werk dieser Dichter, zu denen Böhme unter anderem auch Sappho zählt, nehmen sowohl hymnische Götteranrufungen als auch detailreiche Schilderungen der Unterwelt einen bedeutenden Raum ein. Die Fülle der zum Teil wörtlichen Übereinstimmungen bei unterschiedlichen Dichtern ist beträchtlich, wobei eine direkte gegenseitige Beeinflussung nahezu ausgeschlossen werden kann.

[13] Der Musikhistoriker Fritz Steege erwähnt in seinem Buch *Musik Magie Mystik* Selbstaussagen von Komponisten, die alle in genau diese Richtung weisen. Vgl. Steege S. 304. Weiters zitiert er in dieser Sache den Dichter Albrecht Schaeffer, der vermutete „*Die Alten besaßen ein Vermögen, in geistige Tiefen und in Zusammenhänge des Lebens zu tauchen, die den bloßen Kräften unseres Intellekts unerreichbar und undurchschaubar sind; sie besaßen eine Gabe, die wir „Schau" nennen, die aber in Wahrheit nicht darin*

Gesang seiner Umwelt zu ermöglichen, Anteil an seiner Gotterfülltheit zu erlangen.

„Nimmt man hinzu, was sonst über den Goeten[14] und dessen psychagogischen Sang bekannt ist, daß die besondere zauberische Macht dieser Kitharodie

[sic] in der gerühmten Superiorität aller ihrer Vertreter von Orpheus bis Aristokleides, so hebt sich diese völlige Andersartigkeit von literarisch-poetischen Werken deutlich genug ab. Ins Bereich des sakralen Wirkens gehörend ist diese goetische Kitharodie [sic] Trägerin der Gottfülle (des Enthusiasmos) und der Beschwörung (Der Paraklese). Beides ist Eines, Ein Vorgang oder Eine Wirklichkeit … Darum sind orpheische Fügungen in ihrer unauflösbaren Einheit von Epos Melos mythischem Bild und magischer Kraft geradezu unverlierbar

---

besteht, etwas zu erschauen, sondern etwas Unschaubares dem Verstand und den Sinnen Unwahrnehmbares ··· zu ergreifen und es nun in einem Bilde sichtbar zu machen, in dem es Gestalt gewinnt. Niemand wußte zu sagen wie." S. Steege S. 229.

[14] Böhme spricht in seinen Darstellungen von den Sängern als Goeten, was gleichbedeutend mit „Zauberer" ist, wobei das Wort sich von altgr. γόος (Klage) ableitet. (Vgl. H. Parry, Thelxis, S.29).

und unzerstörbar ... ein der Ratio unzugängliches Wesen ... Für die Bewahrung alles einmal lebendigen Göttlichen verbleibt das der Ratio zugänglichere, von ihr zurechtgerückte, vernünftig und verstehbar ge- machte (und doch immer noch für prophetisch gehaltene) Wort, der ‚Hieros Logos'."[15]

Es muß also dem Gedicht, dem Lied etwas innewohnen, was „unverlierbar und unzerstörbar", das heißt wohl: die Zeit überdauernd immer wieder seinen Zauber entfaltet, sooft es von einem Sänger erklingt[16]

---

[15] Vgl. Böhme, S.121.

[16] S. Böhme S. 123 „*Wenn die sinnenhafte Erscheinung eines Gottes in seinem Hymnus beschlossen ist, so sind alle jeweils von solchem Wort und Maß und Klang Erschütterten des Gottes teilhaftig, unterliegen e i n e m Zauber, d.h., sind von der gleichen Macht geeint. Nicht mehr einem Einzelnen widerfährt dann die Einung mit dem Gott...sondern einer Mehrzahl... ein und derselben Macht, die durch den Sänger erscheint und auf die Nächsten übergreift. Der Sänger und sein Hymnus schaffen dann die Gemeinschaft durch die Beschwörung, d.i. Darstellung, Vergegenwärtigung des Gottes im Gesang.*"

Das Sappho - Ostrakon

...ἄνοθεν

...κατίοι[σα

δεῦρυ μ†μ' ἐς Κρητας .π[ ]ναῦον ἄγνον,
ὄππ[αι δὴ] χάριεν μὲν ἄλσος μαλί[αν],
βῶμοι †δ' ἔν ι θυμιάμε νοι [λι]βανώτῳ·

ἐν δ' ὔδωρ ψῦχρον κελάδει δι' ὔσδων
μαλίνων, βρόδοισι δὲ παῖς ὀ χῶρος ἐσκίαστ',
αἰθυσσομένων δὲ φύλλων κῶμα †κατέρρ[ει]·

ἐν δὲ λείμων ἰππόβοτος τέθαλε ἠρινίοισιν
ἄνθεσιν, αἰ δ' ἄνητοι μέλλιχα πνέοισιν [

[   ]

ἔνθε δὴ σὺ †σὺ. αντ ἔλοισα Κύπρι, χρυσίαισιν
ἐν κυλίκεσσιν ἄβρως

ὀ μ[με]μείχμενον θαλίαισι νέκταρ
οἰνοχόαισον

Übersetzung:

Herab

Aus Kreta zu diesem Heiligtum rein, wo der be-
zaubernde Hain von Äpfelbäumen ist, Altäre
drin, dampfend von Weihrauch

Drin rauscht kühles Wasser durch die

Apfelzweige, von Rosen ist der ganze Ort be-
schattet, Blätter erzittern und

Schlaf senkt sich nieder.

Drin die rossenährende Aue blüht von Frühlingsblumen, linde Lüfte wehen honigduftend

Dort, Kypris, nahmst du... und in goldne

Rundschalen elegant mit Freude vermischten
Nektar schenke aus.

Im Jahre 1937 veröffentlichte die Philologin
Medea Norsa zum ersten Mal den Text, der sich
auf einer Tonscherbe (Ostrakon) ptolemäischer
Herkunft erhalten hat und der vermutlich aus
Unterrichtszwecken in das Medium eingeritzt
wurde.

Zunächst galt die Diskussion der Frage, ob das
Gedicht vollständig auf die Scherbe übertragen
wurde, oder ob es sich nur um den Anfang oder
den Schluß des Textes handelt. Während
Medea Norsa davon überzeugt war, ein fast
vollständiges Gedicht zu präsentieren, konnten
Rudolf Pfeiffer und C. Theander im Ostrakon
nur den Beginn einer Ode erkennen.[17] Wolfgang Schadewaldt und Alexander Turyn jedoch pflichten, was den Aufbau des Gedichtes
angeht Frau Norsa bei: Zu bezwingend ist die
symmetrische Komposition der Ode, die mit
dem Anruf an die Gottheit beginnt, darauf so
etwas wie eine Beschreibung des Ortes gibt und

---

[17] Weiteres zur Forschungsdebatte um Sapphos Gedicht s.
Saake S, 79ff.

schließlich mit der Aufforderung endet, daß Aphrodite selbst der heiligen Feier beiwohnen solle; Anfang und Ende der Ode haben also den gleichen Bezugspunkt. Horaz, der sich ja mehrmals auf seine griechischen Vorbilder und auch Sappho bezieht, pflegt in seinen Gedichten ebenfalls diese Art eines ringförmigen Aufbaus. F. Lasserre nennt diese Beobachtung das „Sapphische Schema", indem er ihren ersten vollständigen Aphroditehmnus zum Vergleich heranzieht.[18]

Weiters stellt die Lesbarkeit ein bedeutendes Problem in der Forschung dar. Beinahe jeder Philologe, der sich mit dem Gedicht auseinandergesetzt hat, machte andere Konjekturen, welche die Bedeutung an manchen Stellen erheblich veränderten.

Gleich das erste erhaltene Wort ist in seiner Lesart umstritten. (ὠ)ράνοθεν würde heißen „vom Himmel her", was für ein Gebet an sich nicht unpassend wäre, in dem von der Erwartung der Gottheit die Rede ist. Jedoch spräche das gegen die Erwähnung Kretas in der zweiten erhaltenen

---

[18]Zit. n. Saake S. 80.

Verszeile: „Entweder kommt die herbeigeru-
fene Göttin aus dem Himmel oder aus Kreta."[19]
D. Page ediert die Wortbruchstücke gar nicht,
sondern weist lediglich im Kommentar darauf
hin, daß ὠυράνοθεν plausibel, aber letztend-
lich mit dem sapphischen Metrum nicht zu ver-
einbaren sei[20]. In der Konsequenz ist auch die
Buchstabenfolge der zweiten Verszeile schwer
in schlüssige Wörter einzuteilen:
δευρυμμεκρητεσιπ (Voigt) erscheint bei Page
als „δευρυ μ' εκ Κρητασ επ".

In der 10. vollständigen Verszeile befindet sich
wieder ein umstrittenes Wort. ἠρίνοισιν
ἄνθεσιν, die Frühlingsblumen begegnen einem nur bei Page und Turyn. M. Treu ergänzt
πφρίνοισιν und Voigt setzt nach einer Crux am
Versanfang τωτ... † ρίνοισιν und Saake schreibt
τιτυρίννοισ', was er mit

„Kannazeen" übersetzt.

Folgt man D. Page, so scheint Sapphos Gedicht
auf den ersten Blick zwei Themen zu verknüp-
fen: Die Anrufung der Göttin Aphrodite und

---

19 s. Bagordo S. 54.
20 s. Page S. 35.

die Schilderung eines ihr heiligen Haines.

Der geweihte Ort mit seiner natürlichen Szenerie aus Apfelbäumen, einem Wasserlauf und Rosen kann als Manifestationspunkt gedacht werden, an dem die Epiphanie der Göttin erwartet wird[21]. Page fragt sich zurecht, ob die Dichterin, welche er an dem real beschriebenen Ort wähnt, eine sichtbare Erscheinung erwartet. Wenn man die entsprechenden Passagen aus der Ilias betrachtet, stellt man fest, daß Göttererscheinungen nur mythischen Personen widerfahren, nicht aber dem Dichter selbst, der, wiewohl er die Musen anruft, nicht mit deren körperlicher Präsenz rechnet. Die Götter – in Sapphos Fall Aphrodite – greifen nach allgemeiner Erfahrung zwar ins Leben ein, tun dies aber nicht in menschlicher Gestalt. Auch die Frage nach dem pragmatischen Aspekt[22] des

---

[21] Page distanziert sich in seiner Auslegung deutlich von einer sichtbaren Erscheinung der Göttin, wie er sie vergleichsweise in der Ilias, bei Philippides oder Herodot beschrieben sieht. Vielmehr referiert er Sapphos ersten Aphroditehymnus und weist auf das Bild hin, das dort für die Gegenwart der Liebesgöttin verwendet wird: Ein Spatzenschwarm – analog zum Adler des Zeus – deutet auf die Gebetserhörung hin. Eine körperhafte Epiphanie der Göttin ist also nicht vonnöten. S. Page S. 43.

[22] Noch deutlicher auf die möglichen Umstände einer „Performance" von Sapphos Lyrik geht A. Bagordo in seinem

Gedichtes stellt sich Page; wurde das Lied während einer rituellen Begehung im Kulthain gesungen? War es sozusagen Teil einer Liturgie oder diente es der Erbauung, indem es unter Gleichgesinnten vorgetragen wurde? Letztere Möglichkeit ist wahrscheinlicher: Sappho muß nicht unbedingt eine Priesterin gewesen sein, man könnte sie vielleicht eher als eine religiöse Dichterin verstehen. Abschließend kommt Page zu dem Schluß, daß Sappho in ihrem Gedicht dem Leser (oder Hörer) nicht nur reine Fiktion bietet. Sie gaukelt ihm nichts vor; denn das Gedicht mag vielleicht nur der formale Rahmen sein, in dem sich eine unsichtbare Gottheit durch Träume oder prophetische Inspiration offenbart.

H. Saake geht in seiner Interpretation mehr auf den Inhalt des Gedichtes ein, wobei er besonders die Blickregie beachtet: Gegenläufige Bewegungen variieren mit statischen Elementen in der Beschreibung des Ortes[23]. Weiters nimmt der Forscher wahr, wie sich eine „fortschreitende Einengung" vollzieht, wenn der Hörer (oder Leser) vom gewöhnlichen Aufenthaltsort

---

Kommentar ein.
[23] Vgl. Saake S.87f.

der Aphrodite, dem Himmel erst nach Kreta, dann in eine „Waldesschlucht"[24], den Hain. Daraufhin lenkt sich der Blick auf den Altar, die Apfelbäume, die Rosen und schließlich die Blätter, woraufhin sich mit der dritten erhaltenen Strophe der Blick wieder weitet: Die rossennährende Aue, die Lüfte, bis wieder Kypris ins Auge gefaßt ist, deren segen- und freudebringende Teilhabe an dem Fest in irgendeiner Weise erwartet wird[25]. Es entsteht eine „Dimensionsspannung zwischen kosmischer Unendlichkeit und räumlicher Begrenztheit"[26].

Überdies bemerkt Saake auch die geradezu malerische Gestaltung der Ode. Die vom Schatten getönte Farbigkeit der Rosen[27], die Extreme des

---

[24] Saake liest in V.3 ἔναυλον

[25] Schadewaldt will bereits in der Anmut des Platzes Aphroditens Gegenwart erkennen. Im Gegensatz dazu führt er andere Schilderungen freundlicher Überfülle der Natur bei den Griechen an, beispielsweise Theokrit (Vgl. Schadewaldt S. 81f.) Ob der von Sappho gesungene Ort nun real oder evoziert ist, läßt er im Unklaren.

[26] S. Saake Sapphostudien S. 64.

[27] An dieser Stelle weist Saake auch auf die Bedeutung der Rosen für den Aphroditekult hin: „Aus Rosen wurden der Kypris Aphrodisias Kränze geflochten; Rosen sprossen im Frühling, während der feucht-warmen Regenschauer; Rosen sprossen unter ihren Schritten; Myrten und Rosen waren ihr insonderheit geweiht und heilig." s. Saake S. 93.

Dunklen und des Hellen sieht er in dem Gedicht

„glücklich verknüpft in gegenseitiger Eingrenzung und Durchdringung"[28], ja er bezeichnet die beschworene Stimmung als „sapphisches rouge et noir"[29], das harmonisch in das Bild des um sich greifenden Schlafes mündet.

Man könnte also sagen, daß der Rosenschatten für die gelungene Vereinigung der Gegensätze steht, er markiert die Grauzone zwischen Licht und Finsternis, er ist die Antwort der für irdisch gehaltenen Gegenstände auf das Licht, das wie die Göttin vom Himmel kommt. Dabei handelt es sich nicht um einen harten Schlagschatten, sondern um eine unbeschreibliche Zartheit und Vielzahl an Nuancen, die aus der Transparenz der Rosenblätter erwächst.

Das Gedicht: Ersungener Raum

Wenn man nun auch Böhme weiterdenkt, kommt man zu dem Schluß, daß der in der Tradition des Orpheus stehende Sänger etwas

---

[28] S. Saake S. 93.
[29] S. Saake Sapphostudien S. 62.

ersingt, um die Epiphanie zu ermöglichen. Dieses könnte man vielleicht als Wirklichkeit der Gottheit bezeichnen: als einen „Raum", in dem sie wirken kann. Das Lied des Goeten hat also nichts Geringeres zu leisten, als die Menschen aus dem zeitlich gebundenen Hier und Jetzt in das Ewige der göttlichen Sphäre zu tragen mittels eines Ortes, an dem die Berührung beider Seinsbereiche denkbar wird. Wenn man den Ort, den Raum näher bestimmen will, muß er weiters so beschaffen sein, daß er einerseits den Göttern nicht fremd und andererseits den Menschen erreichbar ist.

Die Tatsache, daß Sappho sich in ihrem Singen vielleicht mehr oder weniger als Goetin in der Nachfolge des Orpheus sah, jenes Sängers, der an den Grenzen von Tag und Nacht wandelte und sie überschritt, legt eine Vermutung nahe:

Das Wort des Dichters also, sein Gesang erschafft den Ort als Raum für die Epiphanie.

Wie kann man sich solch einen Ort denken? Läßt er sich mit deiktischen Wörtern wie „jetzt", „hier" und „dort" ausloten[30] oder müssen wir uns als heutige Leser in die Frage nach

---

[30] In der Übersetzung von W. Schadewaldt wird es deutlich: Für das εν steht bei ihm ein relativ unbestimmtes „drin".

der genauen Aufführungspraxis der Gedichte Sapphos flüchten?[31]

Weil laut Böhme Lyrik jedoch immer als Gesang galt, trifft womöglich ein Ausspruch des Musikhistorikers und Komponisten Fritz Steege den Kern der Fragestellung. Er bemerkt die „in früheren Zeiten sicherlich weitaus stärker ausgeprägte Fähigkeit zur Entwicklung bildhafter Vorstellungen bei musikalischen Eindrücken. Es war die „Imago", das Bild, das sich das Seelenleben unterwarf, eine Imagination in ihrem ursprünglichsten Sinne, denn eine „Ein-Bildung" setzt voraus, daß man sich ... ein inneres Bild macht. Die Bildlichkeit ist eine Urentsprechung, die zwischen verschiedenen

---

[31] Bagordo interscheidet in dem Zusammenhang zwischen einer *„Demontratio ad oculos"* (dessen, was der Dichter in der Realität vor sich hatte) und einer *„Deixis am Phantasma"* (also dessen, was der Dichter sich in seiner Imagination einbildet). S. Bagordo S.22.
Weiters wäre zur räumlichen Situation noch auf K. Thomamüllers Versuch einer „Rekonstruktion" sapphischer Verse zu hinzuweisen. Seine dem dürftigen Zeitgeist unterjochten Ausführungen zu gerade diesem Gedicht strotzen nur so von einer biederen Realitätsverliebtheit, die alle dichterischen Bilder kurzum ins Reich des Irrsinns verbannen möchte. Dabei liegt es in der Natur der Sache, daß jeglicher Versuch, den poetischen Raum mit empirischen Methoden auszuloten unweigerlich fehlgehen muß. Vgl. Thomamüller S. 93-97.

Sinnesgebieten vermittelt."[32]

Sehr interessant und durchaus auf den von Böhme angenommenen orpheischen Aspekt der sapphischen Lyrik passend äußert sich Marius Schneider, indem er den Klang als die allen Dingen und Wesen gemeinsame Ursubstanz bezeichnet. Der Gesang ermögliche es, in eine direkte substantielle Wechselbeziehung zu den entferntesten Mächten zu treten[33]. „Singen oder rhythmisches Sprechen ist ... ein aktives Aufrufen, Erschaffen und Handeln innerhalb der akustischen Grundschicht der Welt. Es ist ... ein Brückenbau zwischen Himmel und Erde auf Grund der beiden Welten gemeinsamen Tonsubstanz"[34]

Bei Pindar, dem berühmtesten „Rühmer" der Antike, begegnen dem Hörer immer wieder Hinweise, daß durch die großen Taten der Sieger bei den vier bekanntesten Wettkämpfen Griechenlands (Es handelt sich um die

---

[32] S. Steege S. 181.
[33] In Sapphos Fall wäre das die Anrufung und die gläubige Erwartung der Göttin, weil die Dichterin ja um den von Schneider erwähnten Umstand von vorn herein weiß.
[34] Schneider, Marius: *Singende Steine*. Kassel 1958, zit. nach Steege S. 189.

Panhellenischen Spiele:Die Olympien in Olympia, die Pythien in Delphi, die Isthmien bei Korinth und die Nemeen bei Nemea. Jede dieser Veranstaltungen diente der Ehrung eines bestimmten Gottes.) die weit im Dunkel der Vergangenheit liegende Welt der vergöttlichten Heroen wieder ein wenig näher an seine Zeit heranrückt. Dabei geht Pindar äußerst geschickt vor, wenn er beispielsweise am Beginn seiner ersten Pythischen Epinikie schildert, wie Apollon mit seinem Gesang zur Phorminx die Bewohner des Olymps in tiefe Berückung sinken läßt[35]; In der Realität aber ist Pindar der Sänger, dem die Menschen gebannt lauschen.

An anderer Stelle ist schließlich von den Gefilden der Seligen die Rede. Dies nun wäre ein solcher Ort, der für Götter wie Menschen möglich ist.[36] Er schildert ihn:

Ihnen leuchtet die Macht der Sonne während hier unten Nacht ist.

---

[35] Auch der Forscher H. Parry nennt unter diesem Aspekt Pindar und Sappho beinahe in einem Atemzug. S. Parry S. 231f.
[36] Bohme erwähnt dies in Zusammenhang mit der auf Pindar keinesfalls Bezug nehmenden, aber erstaunlich ähnlichen Petrusapokalypse .Vgl. Böhme S. 155.

Vor der Stadt sind sie, in Auen von pur-
purglühenden Rosen und in der Weih-
rauchbäume Schatten

hängt schwer von goldfrüchtigen Bäu-
men (…)

In ihrem Dasein

blüht des Blumenreichtums ganzes
Glück, vom lieblichen Ort geht ein Duft
aus,

Opferdunst mischt im Feuer sich auf den
Altären der Götter.[37]

Sofort fällt die verblüffende Ähnlichkeit zum
Sapphogedicht auf, die auch Alexander Turyn
zum Anlaß für seine Deutung des Gedichts als
orphische Eschatologie nahm[38]. Turyns Unter-
suchung, die in der Forschung sehr umstritten
ist, beschäftigt sich ausschließlich unter dem
Aspekt der Jenseitserwartung mit Sapphos Gedicht. Er zeigt die Entsprechungen in der Topik

---

[37] Pind. frg. 129.
[38] A. Turyn: The Sapphic Ostrakon. In: Transactions and Proceedings of the American Philological Association. Ed. By T.
Robert S. Broughton. Bryn Mawr College. Vol. LXXIII 1942.

zwar auf, geht aber kaum auf ihre Funktion ein.

Die Hörer betreten mit Pindar gleichsam die Gefilde der Seligen, jenen Ort, der zugleich Augenblick der Ewigkeit unsterblicher Götter und letzter Aufenthalt der Gerechten ist. Man traut sich die Frage fast nicht zu stellen, wie das alles geschieht. Sowohl Sappho wie auch Pindar beschreiben nicht einen konkreten Ort, sondern der Ort entsteht, indem das, was ihn ausmacht genannt wird.

Und genau diese Tatsache deutet auf das Dilemma hin, welches auch unser Verhältnis zu den Dingen hinterfragt: Darf der Dichter beschreiben, ehe er nennt?

Freilich kann ein Dichter auch beschreiben, doch durch die Beschreibung okkupiert er die Dinge für sich, indem er sie in einen Bezug stellt, der allein für ihn maßgeblich ist. Das schlichte Nennen der Dinge gibt sie dem Hörer preis, sie werden durchlässig für eine Deutung, die sich nicht der Ratio verpflichtet sieht: Die unvorgedeuteten Bilder sind auf einmal nicht mehr der Inhalt eines Gedichtes sondern sie werden zum Gefäß für die jeweiligen

Epiphanie-Erlebnisse der einzelnen Zuhörer[39].

Nicht das Genannte ist Thema, sondern hinter dem Genannten entdeckt man ein Gefühl für die Erinnerung an jene Momente, da man die Gottheit nahe wähnte.

Wie ist das möglich?

Nur indirekt in der Apostrophe (Anrede) begegnet einem das Dichter-Ich, ansonsten bleibt das Gesagte merkwürdig ich-los, eine Beobachtung, die auch Saake macht[40] Das mutet befremdlich an, wo gerade die Lyrik seit jeher als die subjektivste der literarischen Gattungen gilt[41].

Doch Sappho zieht sich aus dem Gedicht zurück.

Vielleicht macht dieses Schweigen des Ichs vor der Göttlichen Größe, derer es gewahr wird, den Zauber des Gedichtes aus. Es ist eine paradoxe Situation: Die Dichterin singt und

---

[39] Vgl. Schadewaldt S. 83 „Liebesgestimmtheit" oder „Liebeserwartung" sind m. E. äußerst geglückte Bezeichnungen für das, was das Lied zu erreichen im Stande ist.
[40] S. Saake Sapphostudien S. 64 *„Sappho hat sich als quasi gedichtimmanente Figur in den Hintergrund gerückt."*
[41] Man denke an das Hervortreten des Archilochos und die selbstbewußten Aussagen zu seiner Person.

schweigt; sie schweigt von sich als begeistertem und zu ewiger Schönheit hingerissenem Individuum, wenn sie ihr begegnet. Gleichzeitig singt sie es, indem sie ihr Lied einerseits als Gefäß für die Sehnsucht und Erinnerung der Hörer bereitet, andererseits eben diesem Lied die Aufgabe der „goldenen Rundschalen" zudenkt, in welche die Gottheit zum Wein den Nektar gießen soll.

In einem solchen Lied, das gleichsam sich selbst singt, weil der Sänger in seinem Gesang gelöst ist, mischt sich Irdisches mit Himmlischem.

Nimmt man diese Einstellung zum Gesang als wesenhaft für den orpheischen Nomos an, könnte man einen wahren Kern in der zuvor erwähnten romantisch anmutenden Liebesgeschichte zwischen Orpheus und Eurydike erkennen. Wenn man wie Böhme Orpheus als denjenigen betrachtet, der in seiner Eigenschaft als Sänger kraft seines Liedes die Schwelle zwischen Tag und Nacht, zwischen Leben und Tod zu überschreiten vermochte, dann deutet die in der Sage geforderte Bedingung, Eurydike nicht anzublicken auf eine Eigenschaft hin, die vom orpheischen Sänger gefordert wird. In dem Moment, da der Sänger sich „umwendet", also sich mit dem als poeta vates Geschauten in Beziehung setzen will, bemächtigt er sich in gewisser Weise frevelhaft dessen, was er rein weiterschenken sollte.

Der Gesang, der das Höchste ausdrücken hätte sollen, mißlingt; er schlägt um in die Angst vor dem Verlust.

Verlust und Lassen – Hölderlin und Rilke

Wie kaum ein anderer Dichter der Neuzeit, verstand sich Friedrich Hölderlin (1770 – 1843) als Poeta vates im klassischen Sinn: Ein Künder ewiger Wahrheiten zu sein, der „unter Gottes Gewittern"[42] zu stehen vermag, ja, dem genau bis zur letzten Konsequenz aufgetragen ist, „dem Volk ins Lied gehüllt die himmlische Gabe zu reichen". Aber genau darin lag vielleicht Hölderlins poetische Größe und schließlich sein Scheitern begründet, daß er sich seines Sängertumes zu sehr bewußt war. Gerade durch ihr nach dem Ausdruck höchsten Dichtermutes beklemmend hereinbrechendes Schweigen gibt sie ein beredtes Zeugnis für Hölderlins Einsicht, sich zu weit gewagt zu haben. Er belegte seine Gedichte unbewußt mit der Forderung, ihm das einmal erschaute Schöne zu bewahren.

Als weiteres Beispiel für diese Tatsache sei das folgende bekannte Gedicht zitiert, dessen Erstentwurf unmittelbar der Feiertagshymne folgt und an das bereits unzählige Deutungen

---

[42] So sagt es Hölderlin selbst in der sogenannten „Feiertagshymmne" (V. 56)

herangetragen wurden.

Hälfte des Lebens

Mit gelben Birnen hänget
Und voll mit wilden Rosen
Das Land in den See,
Ihr holden Schwäne,
Und trunken von Küssen
Tunkt ihr das Haupt
Ins heilignüchterne Wasser.

Weh mir, wo nehm ich, wenn
Es Winter ist, die Blumen, und wo
Den Sonnenschein,
Und Schatten der Erde?
Die Mauern stehn
Sprachlos und kalt, im Winde
Klirren die Fahnen.[43]

Die erste Strophe nennt Elemente, die schon von Sappho und Pindar bekannt sind: Die schweren

---

[43] Vgl. Hölderlin, S. 447

Obstzweige, die Rosen und das Wasser[44]. Überdies fügt Hölderlin die „holden Schwäne" hinzu, ein unmißverständlicher Hinweis einerseits auf die Seherdichter im Allgemeinen – der Schwan galt schon in der Antike als singendes Tier des Apollon[45] - andererseits auf seine Zugehörigkeit zu jenen: Der Gleichklang von „Hölderlin" und „hold" ist unüberhörbar. So ist im ersten Teil des Gedichtes der Schwan ein Symbol für den Dichter im Einklang mit der ihn umgebenden Natur, weil die Geste des Schwanenhalses, der sich der Wasserfläche nähert, das Hängen des „Landes", also der Birnen- und Rosenzweige, verinnerlicht hat. Auch hier treffen sich die Gegensätze wie bei Sappho, ein Moment, das Hölderlin sehr wichtig ist; denn für ihn äußert sich Harmonie im

---

[44] W. Menninghaus merkt in seiner sehr vielschichtigen Interpretation des Gedichtes an, daß Hölderlins Sprache eine „fast zwanzigjährige Entwicklung von enormer Dynamik durchlaufen" mußte, ehe eine solche Einfachheit und Konkretheit möglich waren. *„Die Worte sind mit einem gewaltigen Hof von Ungesagtem, von zurückgelegter Entfernung, von Leid, Anstrengung und Glück ihres Erscheinens umgeben."* S. Menninghaus S.47.
[45] Horaz beispielsweise beschreibt sich selbst als Dichterschwan (Ode II,20), in den er nach seinem Tod verwandelt wird. Ebenso nennt er Pindar den *„Dirkäischen Schwan"* (Ode IV,2, 25).

„Einigentgegengesetzten".

Die unwirkliche Gleichzeitigkeit von Frucht und Blüte, die schon bei Sappho und Pindar zu beobachten war, deutet auf das Zueinanderfinden von Gegensätzlichem hin. Doch in dem Moment, da der Schwan mit seinem Haupt die Wasserfläche durchbricht, geschieht der Umschwung mit exakt der gleichen Wendung wie in der Feiertagshymne: *„Weh mir!"*

Die soeben aufgerufene Landschaft ist dem Blick entzogen und die Angst vor dem Verlust des Schönen ergreift den Sprecher des Gedichts, der nun in den Vordergrund tritt. War im ersten Teil das lyrische Ich nur indirekt durch die Apostrophe der Schwäne anwesend, erinnert es sich im zweiten Teil schaudernd an das, was eigentlich noch zu dem zuvor genannten Ort gehört: Blumen, Sonnenschein und Schatten – wieder ein Hinweis auf die Harmonie. Das Verb, welches den Bezug des Dichter-Ichs zu den Elementen des Ortes beschreibt, ist eindeutig besitzergreifender Natur: „Wo nehm ich" sagt es voller Angst um den Verlust.

Sobald Hölderlin versucht, mit dem Geist eines Poeten der Dinge habhaft zu werden, sie als Dinge sieht und nicht als Erscheinungsformen, entziehen sie sich ihm[46].

Anders wird es interessanterweise mit Hölderlins spätester Lyrik stehen, die in der Forschung lange Zeit zugunsten der mittleren und späteren, an Pindar orientierten Dichtung übergangen wurde.

„Reinheit aber," schreibt der Dichter in einem Prosafragment, *„ist auch Schönheit … So sehr einfältig aber die Bilder, so sehr heilig sind die, daß man wirklich oft sich fürchtet, die zu beschreiben.* [47]*"*

Bei Rainer Maria Rilke begegnet dem Leser seiner späten Französischen Gedichte eine ungeheure Demut den Bildern gegenüber, die der Dichter sich um Laufe seines Schaffens erst

---

[46] Nicht weit hergeholt ist es, das Vertriebensein vom *„Überflusse des Göttertisches"* in einem Prosaentwurf zur Feiertagshymne hinsichtlich des Tantalos – Mythos zu deuten, wie es Jochen Schmidt in seinem Kommentar von Hölderlins Gedichten tut. Vgl. Hölderlin, Sämtliche Werke und Briefe, Gedichte. S. 666.

[47] Entnommen dem Prosafragment *„In lieblicher Bläue"* (Gedichte, S. 479), das nur indirekt in einem biographischen Roman W. Waiblingers überliefert ist, doch mit einiger Sicherheit von Hölderlin stammt. Weiter möchte ich mich nicht auf Äußerungen einlassen, die den psychischen Zustand Hölderlins zur Zeit der spätesten Gedichte beurteilen wollen.

erschweigen mußte.[48] So bietet dem Dichter auch die „geliehene Sprache", das Französische, die Möglichkeit, sein poetisches Sprechen neu zu erfinden: Die Bilder sind weniger komplex, der Satzbau wird einfacher. Stattdessen liegt der Fokus auf einer klanglichen Dichte, die nur das französische Original wiederzugeben vermag[49]; das bloße Nennen, das Hervorrufen von Bildern, die mit dem Genannten nichts gemein haben, macht den Zauber dieser Lyrik aus.

So schuf Rilke eine Reihe von französischen Gedichten, die er unter dem Titel *Vergers* sammelte.

Ein *Verger* ist eine Art Streuobstwiese, ein verlassener, längere Zeit unbebauter, daher der Natur zurückgegebener Obsthain:

---

[48] Man denke an Rilkes sogenannte „*Ding-Gedichte*", bei denen er es sich zur Aufgabe machte, wie ein Bildhauer – der vom ihm verehrte Rodin – geduldig vor seinem Modell auszuharren, bis er dessen reines Wesen im Gedicht festzubannen vermochte. Daß Sprache genau das nur unvollkommen leistet, ja, sich geradezu dagegen sperrt, erkannte er später erst.
[49] Dennoch sei in dieser Arbeit nur die deutsche Übersetzung wiedergegeben, da es hier mehr um die Bilder als um den Klang geht.

*Verger: o Vorrecht einer Leier, dich einfach
nennen zu können;
Name ohnegleichen,
der die Bienen anzieht,
Name, der atmet und wartet...*

*Klarer Name, der den antiken Frühling in
sich birgt, ebenso ganz voll wie ganz
durchscheinend,
und der in seinen symmetrischen Silben
alles verdoppelt und fruchtbar wird.*[50]

Er scheint etwas erstaunt festzustellen, was für
eine sanfte Gewalt im Namen liegt, wenn eine
Leier – der Dichter verschwindet hinter dem In-
strument – ihn nur nennt. Dieser Name birgt
durch seine Abwesenheit des Gegenständli-
chen eben genau deshalb den *„antiken Frühling"*, den Frühling, wie er schon immer war,
die Idee des Frühlings, weil keine Beschreibung
ihn entzaubert.

Im selben ursprünglichen Sinn ruft Rilke auch
den Obsthain auf:

---

[50] Frz. Original: Rainer Maria Rilke: *Poemes français*, S. 21.

Nie ist die Erde wirklicher
als in deinen Ästen, o blonder Obsthain,
noch schwebender als im Spitzenmuster,
das deine Schatten auf dem Rasen bilden.

Dort trifft zusammen, was uns bleibt, das
was lastet, und das, was nährt,
im Vorrüberhuschen der unendlichen Zärt-
lichkeit.

Aber in deinem Mittelpunkt, der stille Brun-
nen, in seinem alten Rund fast schlafend,
redet kaum von diesem Gegensatz,
so sehr zerfließt er in ihm.[51]

Ohne es zu kennen, hat Rilke die Bilderwelt aus
Sapphos Ostrakon-Gedicht in unsere Zeit hin-
eingereicht und sich wohl mehr unbewußt in
die dichterische Haltung der altgriechischen
Lyrikerin begeben.

---

[51] Frz. Original: Rainer Maria Rilke: *Poemes français*, S. 22.

Der Gegensatz von Abwesendem und Genann-
tem ist in dem Augenblicke aufgehoben, da der
Dichter die Dinge in ihrer einfachen Bildlichkeit beläßt, und so wird der Leser glauben, daß
an diesem Orte, wo die Erde durch den Schatten sowohl „*wirklich*" als auch „*schwebend*" erscheint, in der „*vorüberhuschenden Offenbarung
unendlicher Zärtlichkeit*" die Epiphanie der Gottheit ihren Raum hat und erlebbar wird.

Doch auch hierbei gibt es eine Bedingung, wie
sie die Sage dem Orpheus auferlegte: Die Span-
nung zwischen dem undeutbaren Jenseits und
dem Diesseits, also der vom Menschen deutba-
ren Welt, zwischen „*absence*" und „*présence*"[52]
muß durchgehalten werden. Das Ich des Dichters muß vor dem Mysterium der Grenze[53]
schweigen, es darf seine beschreibenden Worte
nicht nach dem Schönsten ausstrecken, welches
es vielleicht sehen könnte, wenn es sich der genauen Betrachtung zuwendete.

Denn das Schönste gehört sich selbst und
schenkt sich jedem anders.

---

[52] Bedeutet „Abwesenheit" und „Anwesenheit". Vgl. Rainer
Maria Rilke: *Poemes français,* S. 405.
[53] In meinem Schriftwerk „*Les Barricades Mystèrieuses*" habe ich
mich dazu bereits geäußert.

Literaturverzeichnis

Primärliteratur:

Sappho and Alcaeus: An Introduction to the Study of Ancient Lesbian Poetry by Denys Page, M.A., F. B. A. Oxford, 1955.

Sappho et Alcaeus: Fragmenta. Edidit Eva-Maria Voigt. Amsterdam, 1963.

Friedrich Hölderlin: Gedichte. Herausgegeben von Jochen Schmidt. Frankfurt /Main 1992.

Rainer Maria Rilke: Poèmes français. Mit einem Nachwort von Karl Krolow. Nach der Vorlage der von Ernst Zinn besorgten Ausgabe der Sämtlichen Werke. Frankfurt 1955-1966, Zweiter Band .Hrsg. vom Rilke-Archiv in Verbindung mit Ruth Sieber-Rilke. Durchgesehen und ergänzt unter Mitarbeit von Walter Simon. Frankfurt, 1988.

Zweisprachige Ausgaben / Benutzte Übersetzungen:

Sappho: Griechisch und Deutsch herausgegeben von Max Treu. München, 1958 Sappho: Griechisch und Deutsch von Hans Rupé. München, 1945.

Sappho: Gedichte. Griechisch-deutsch. Herausgegeben und übersetzt von Andreas Bagordo. Düsseldorf, 2009.

Rainer Maria Rilke: Werke. Kommentierte Ausgabe in vier Bänden. Hrsg. von Manfred Engel, Ulrich Fülleborn, Horst Nalewski, August Stahl. Gedichte in französischer Sprache. Mit deutschen Prosafassungen. Hrsg. von Manfred Engel und Dorothea Lauterbach. Übertragungen von Rätus Luck. Frankfurt/Main, 2003.

Sekundärliteratur:

Schadewaldt, Wolfgang: Sappho. Welt und Dichtung in der Liebe. Potsdam, 1950.

Giebel, Marion: Sappho in Selbstzeugnissen und Bilddokumenten, dargestellt von Marion Giebel. In: rohwolts Monographien herausgegeben von Kurt und Beate Kusenberg. Reinbeck bei Hamburg, 1980.

Schrott, Raoul: Die Erfindung der Poesie. Gedichte aus den ersten viertausend Jahren. München, 1999.

Hartmann, Elke: Frauen in der Antike. München, 2007.

Böhme, Robert: Der Sänger der Vorzeit. Drei Kapitel zur Orpheusfrage. Bern /München, 1980.

Böhme, Robert: Die verkannte Muse. Dichtersprache und geistige Tradition des Parmenides. Bern / München, 1986.

Böhme, Robert: Das Prooimion. Eine Form

sakraler Dichtung der Griechen. In: Bausteine der Volkskunde und Religionswissenschaft. Hrsg. von Eugen Fehrle/Heft 15. Baden, 1937.

Böhme, Robert: Orpheus. Der Sänger und seine Zeit. Bern /München, 1970.

Parry, Hugh: Thelxis. Magic and Imagination in Greek Myth and Poetry. Lanham/ New York/London, 1992.

A. Turyn: The Sapphic Ostrakon. In: Transactions and Proceedings of the American Philological Association. Ed. by T. Robert S. Broughton. Bryn Mawr College. Vol. LXXIII 1942.

Steege, Fritz: Musik Magie Mystik. In: Der Leuchter. Remagen, 1961.

Menninghaus, Winfried: Hälfte des Lebens. Versuch über Hölderlins Poetik. Frankfurt/Main, 2005.

Thomamüller, Klaus: Ade, rosenfingriger Mond! Auf dem Wege zum ursprünglichem Text der lesbischen Dichterin Sappho. In: Forum Linguisticum. Hrsg. von Professor Dr. Christoph Gutknecht Band 2. Bern, Frankfurt/Main 1974.

Wisse das Bild

E. Thaler / Rainer M. Rilke

Nur wer die Lei – er schon
Nur wer mit To – ten vom

hob un – ter den Schat-ten
Mohn aß von dem ih – ren

darf das un-end – li-che Lob
wird nicht den Lei – ses-ten Ton

ah – nend er – stat – ten   ah –
wie – der ver – lie – ren   wie –

– nend er – stat – ten
– der ver – lie – ren

Mag auch die Spie – glung im
Erst in dem Dop – pel be

Teich   oft   uns ver‑schwim‑men
reich   wer – den die Stim‑men

wis – se das Bild!   e –

rit.

wig   und   mild.

Ut pictura poesis

Das Gedicht gleicht einem Bild

Ein Nachwort von cand. phil. Hannes Schmidt

Mit ihrer Arbeit „*Wisse das Bild*" betritt Elisabeth Thaler einen Raum, in dem die Lyrik zum lebendigen Ausdruck wird. Die Autorin wandelt auf den Spuren der antiken Dichtkunst und verknüpft altehrwürdiges Wissen mit modernen Einsichten, die an Tiefgang und Feinsinn kaum zu übertreffen sind.

Sappho, Orpheus und Pindar – ihre Verse, Fragmente und mythische Erzählungen sind hier nicht nur Gegenstand der Analyse, sondern lebendige Dialogpartner in einem kosmischen Spiel der Ideen und Emotionen.

Elisabeth Thaler gewährt uns einen Blick in die Ursprünge des abendländischen Dichtertums und lässt uns spüren, was es bedeutet, wenn Worte zu Brücken werden: zwischen Vergangenheit und Gegenwart, zwischen Diesseits und Jenseits, und zwischen uns und den alten Dichtern, deren Stimmen bis heute nachklingen. Der hohe Anspruch, die spirituelle Dimension der Lyrik zu enthüllen, zieht sich durch jedes Kapitel, durch jede Seite.

In ihren Darstellungen läßt Thaler erkennen, daß Dichtung nicht einfach nur Sprache ist, sondern ein Medium, durch welches das Göttliche sich offenbart. Diese Ahnung verleiht ihrem Werk einen unverkennbaren Hauch von Mysterium. Es ist, als verneige sich die Autorin selbst vor der Größe dessen, was sie beschreibt, indem sie sich ganz hinter die großen Stimmen stellt, die sie zu Wort kommen lässt. Besonders in den Ausführungen zu Sapphos „*Ostrakon*" wird Thalers eigene Dichtkunst offenbar: Ihre Sprache wird zu einem Gefäß, das voll Ehrfurcht und Demut die Essenz der lyrischen Tradition hütet.

Durch ihre gelehrte und zugleich poetische Sprache lädt uns Thaler dazu ein, selbst Teil des Liedes zu werden, die alten Bilder und Verse sprechen zu lassen und darin ein Stück von uns selbst zu finden. Sie versteht es meisterhaft, Wissenschaft und Leidenschaft zu vereinen, das scheinbar Unvereinbare zu verbinden und

neue Erkenntnisse mit einer Gelassenheit dar-
zubieten, die das Gefühl von Zeitlosigkeit vermittelt. Diese Synthese ist ein Geschenk für die
Leser, die sich mit Thalers Werk auf eine Reise
begeben, die so erfüllend wie anspruchsvoll ist.

Ein Werk wie dieses ist von unermesslichem
Wert. Es ist an uns, es in aller Dankbarkeit an-
zunehmen – als ein Tribut an die Kunst, an die
Dichter der Vorzeit und an eine Autorin, die ihr
Herz und ihre Seele der Poesie gewidmet hat.

Euge, poeta!

Hannes Schmidt

Graz, am 25.10.2024

In gleicher Ausstattung erhältlich:

- Kastl 93, Drei Erzählungen
- Les barricades mysterieuses, Autobiografie in lyrischer Posa mit angehängtem Kommentar.
- Iter Illyricum, Reisebericht über die Großfahrt nach Montenegro